Es mi voz

Es mi voz

José María Sánchez Macías

Círculo Rojo
EDITORIAL

Primera edición: marzo 2024

Depósito legal: AL 390-2024

ISBN: 978-84-1061-747-6

Impresión y encuadernación: Editorial Círculo Rojo

© Del texto: José María Sánchez Macías
© Del prólogo: María José Montero Núñez
© De la fotogrrafía: Antonio Fernández Fernández (Af2Bierzo)
© Maquetación y diseño: Equipo de Editorial Círculo Rojo
Editorial Círculo Rojo

www.editorialcirculorojo.com
info@editorialcirculorojo.com

Impreso en España — Printed in Spain

El papel utilizado para imprimir este libro es 100% libre de cloro y por tanto, **ecológico**.

PRÓLOGO

Con este libro, el sexto de José María, afirmo con absoluta convicción que no solo se consagra como poeta sino que hace una retrospección muy clara de su interior.

El poeta ha viajado concienzudamente hacia su yo más profundo, con horas de intensa meditación y obsevación constante de sí mismo y de la realidad que le rodea a través de la atención plena en sus estados emocionales como una forma de aprendizaje y autoconociento que es la habilidad de conectarse con nuestros sentimientos, pensamientos y acciones reconociendo así sus fortalezas y desafíos.

Hay una gran sinceridad en cada uno de los versos, es por ello que recomiendo una lectura pausada, con la mente abierta, la concentración muy centrada y, obviamente, en la paz de la soledad buscada y en absoluto silencio.

Es así como podrá el lector o la lectora, en muchas ocasiones, sentirse identidentificado con el poeta, con la persona y, lo que es muy importante, consigo mismo.

En este viaje al interior, la voz del autor, nos habla a través de sus letras de la enfermedad y todo el sufrimiento que le ha causado hasta tal punto que nos revela en unos versos hondos y cargados de sentimientos: *Cuando enmudeció mi voz / la autoestima por el suelo / se arrastraba de dolor / y no era de mí dueño. / Cuando enmudeció mi voz / todo quedó en un sueño...*Hay que estar en un estado de plena lucidez y tener valentía para hacer una descripción tan profunda de cómo se sintió José María, o nos podemos sentir cada uno de nosotros cuando sufrimos un deterioro de la salud, tocar fondo y volver a levantarse. Saber en los momentos difíciles quiénes son los familiares y los amigos. Porque, no nos engañemos, todos tenemos muchos conocidos pero, amigos, lo que se dice amigos, muy pocos.

Escribió Jorge Luis Borges, "*todo lo que nos sucede, incluso nuestras humillaciones, nuestras desgracias, nuestras vergüenzas, todo nos es dado como materia prima, como barro, para que podamos dar forma a nuestro arte*".

Y, efectivamente, así es; porque este libro de poemas estoy convencida que no sería tan brillante si el autor no hace su propia catarsis, la da a conocer lleno de fortaleza en el presente.

En uno de mis poemas escribí unos versos que dicen : "*Vivo el presente /es lo único que me pertenece...*" Esto lo descubrí hace años cuando también me visitó la enfermedad y sigo creyendo fielmente en esa máxima. Igual que lo hace José María y así lo deja reflejado.

"Ahora se acabaron los lamentos / acepto el presente con todo su fragor / acepto el futuro como un nuevo reto / y sobe todo, acepto mi condición".

Escribió la científica Marie Curie esta frase: *"no hay que temer a nada en la vida, solo tratar de comprenderla"*, considero que viene muy a cuento de lo que refleja José María en la tercera parte de su libro y no es otra que las constantes alusiones a la búsqueda de la verdad. Esa verdad necesaria para que su poesía brille con la intensidad que le corresponde, y escribe: *"¿Cómo convencer a la gente / que lo que escribo no es fantasía / sino la otra realidad y mi suerte?"* Se pregunta a sí mismo en estos versos de los que se desprende como un grito que intenta desvelar algún tipo de secreto muy bien guardado que se deja sentir en: *"y por caro que se venda el éxito / -aunque nadie lo entiende- / intento descorrer el velo / para crecer y salir indemne / con una autoestima de hierro..."*

José María escribe para el pueblo con la esperanza de que su poesía pueda ayudar a alguien. Es una persona paciente que no persigue la fama ni la idolatría, *"...solo quiero que lo que escribo / sirva para algo en la vida "* nos dice con esa generosidad que le caracteriza.

Ha sabido sacar luz de la oscuridad y energía del dolor. Cree en el poder de la palabra, en la esperanza, en el AMOR con mayúsculas, en la paz, en la música y en definitiva en la vida.

..." *Seguid cantando ruiseñores, / para poder atrapar el momento / y reflejar vuestros bellos interiores / en versos con sentimiento".* Con estos bellos versos en el que los ruiseñores son los poetas y estos otros de Walt Whitman que deseo sirvan para darnos alas a todos concluyo este prólogo que escribí con mucho cariño y espero esté a la altura de este gran libro: *"...Mantén tu rostro siempre / hacia la luz del sol, / y las sombras caerán detrás de ti..."*

María José Montero Núñez

La pluma es lengua del alma;
cuales fueron los conceptos
que en ella se engendraron,
tales serán sus escritos.
Miguel de Cervantes

Es mi voz

Es mi voz, vive en el silencio
sin extraviarse la razón,
navega por el tiempo
sacando afuera ese dolor
de un pasado sin tiento
como signo de superación.
Mi voz con sentimiento
va directa al corazón
y a las estrellas del cielo
fundiéndose con su calor,
busca el entendimiento
en el perfume de cada flor.
Es mi voz que vela por los sueños,
se restituye con vigor
poniendo mucho empeño
para vivir con esa sensación
de no sentirme preso,
de disfrutar con ardor.
Mi voz se mantiene al acecho,
colmada de emoción
guarda fiel un secreto
sin dejar de ser nunca yo,
y no es por un alto ego,
es para conquistar mi interior.

Mi voz no se vende por dinero,
sino que rinde culto al amor,
al reparto justo del alimento
con toda justificación,
creando un vínculo estrecho
entre humanos por su dolor.
Es mi voz susurrando versos
de esperanza, llenos de ilusión,
por un nuevo comienzo
en una vida que corre veloz
para aprovechar bien el tiempo
siendo consciente del reloj.
Es, una gota de un río sin freno
que acepta su condición,
y deja sus sedimentos
antes de desembocar sin pudor
en el salado y vasto océano
donde se integran los dos
y forman un solo cuerpo
azul, en un acto de amor
mecido por el viento.

No rehúyo del presente

No rehúyo del presente
porque escriba del pasado,
solo muestro mi suerte
sin ningún desgarro,
siendo siempre consciente
de que la vida es un regalo.
Deja que el ayer recuerde
como algo superado,
me hace sentir fuerte
cada vez con más descaro,
con un carácter resiliente
al resurgir de los fracasos.
El que aquellos días muestre
revela que la herida se ha cerrado
en un alma antes doliente,
mas el recuerdo no debo olvidarlo,
sin caer en sus redes
ni sentirme en él atrapado.
No, no rehúyo del presente,
sino más bien todo lo contrario,
intento que sea lo único en mi mente
pero tal cual tenía que contarlo.

Versos catárticos

Son éstos, versos catárticos
no escritos en su tiempo
y ahora se hacen necesarios
para entender el mutismo del verbo
en el que escribir costaba trabajo.
Cuando me batía conmigo mismo en duelo,
con un cerebro confundido y ajado,
al sufrir un tormento
luchando algo desorientado
por una verdad en silencio.
Una angustia interior exacerbando
mis crisis del momento
al disimular mi estado de ánimo.
Cada día era un nuevo reto,
cada amanecer un naufragio
en un océano inmenso,
con las manos y los pies atados
a merced del oleaje y sin remos,
con tierra firme soñando
donde pisar y ser el dueño.

Estatua de cera

En el discurrir por esta senda,
por fin encontré un remanso
de paz en mi enmarañada cabeza.
Han pasado suspensivos años,
retrato de una vida incierta,
todo era negro sobre blanco.
Como una estatua de cera
que la llama consumía sin tacto
al derramar lágrimas eternas.
El fuego ardía en los labios
enmudecidos, henchidos de pena,
y el corazón del amor olvidado
envuelto en fina y blanca seda
latía lento hasta su ocaso.
Esperando que la vida fuera
algo más que un camino empedrado,
una angosta e intransitable vereda,
demencia que confundía mis pasos,
sin obtener una clara respuesta,
sin saber cómo sobrellevarlo,
al llenarme de impotencia,
sin ser consciente de mis actos.

Ya no existen los secretos

Ya no existen los secretos.
A través de preguntarme,
la verdad ya estaba dentro.
Surgió en el desequilibrio inestable
y desenmascaró al silencio,
silencio que hirvió la sangre,
sangre que empoderó el deseo,
deseo de salir del enjambre
en un infatigable proceso,
sufriéndolo en mis carnes.
Cuando no estaba diestro
y cada intento era un desastre
para el desconcertado cerebro,
perseverando hasta encontrarse,
cuando el fin justifica los medios
y ahora parece a mi alcance.
Fueron muchos tanteos
en los que he ido soltando lastres,
ya no cargo esos pesos
para poder avanzar hacia adelante
y poder coger el vuelo
intentando reinventarme.

Yermos paisajes helados

Mi alma había languidecido,
titubeaba versos cansados
de soportar tanto frío,
yermos paisajes helados
donde no crecía el trigo
ni se posaban los pájaros.
Mi alma en medio del vacío
trinaba en el desamparo
del tiempo malherido
angustiosos cánticos
arrastrados por el caudaloso río,
y encallaban en sus meandros.
Yo seguía mi camino,
a contracorriente nadando
con un claro objetivo:
conocer la verdad de mis pasos
sin dejar de creer en el destino,
al mañana desafiando,
y en el alma ropa de abrigo
y una coraza sin llantos.

En la penumbra que persistía

En la penumbra que persistía
con la niebla clavada sobre mi costado,
una impalpable realidad umbría
donde la herida no había cicatrizado
y era difícil vivir el día a día.
Renuncié a lo que no estaba preparado,
pues el padecimiento me vencía
al aparentar normalidad en mi estado
de ánimo y nadie lo percibía,
pero con un interior extenuado
y un corazón que sufría.
Cansado de mediar en el pasado
entre lo que era real y lo que sentía,
desistí en el tiempo, apesadumbrado,
sintiendo como por dentro me moría,
solo, ante el abismo callado
de la otra realidad que me absorbía.

Cuando enmudeció mi voz

Cuando enmudeció mi voz,
la autoestima por el suelo
se arrastraba de dolor,
y no era de mí el dueño.
Cuando enmudeció mi voz
todo quedó en un sueño,
buscando siempre una flor
que me desvelara el secreto.
Pero pude recuperar mi voz
gracias a las letras de maestros,
música y poemas con amor
que me hicieron coger el vuelo,
que me restituyeron la ilusión
para volver a escribir de nuevo;
aquellos que confiaron sin reloj
y le dieron tiempo al tiempo,
y me ofrecieron su caparazón
para superar los golpes del destierro.

Aquellos tiempos improductivos

Aquellos tiempos improductivos
pasaron demasiado apáticos.
La inspiración se había dormido
mientras permanecía acongojado,
afligido y turbado ante el peligro,
peligro de olvidar el paso de los años
y desperdiciar el tiempo, desvalido,
entregándome al ocio blando.
Sin un propósito, sin incentivos,
estaba de la vida desahuciado,
perdido en un tortuoso camino
como un pobre insensato
que no confía en su designio.
Fueron tiempos descuidados,
solo se vislumbraba un negro destino
sin encontrar un desagravio
para recuperar el tiempo perdido
que pasaba ante mí de largo.

La fuerza de una tempestad

Nunca quise posponer mi sueño,
pero sin alejarme de la realidad.
Con las crisis no era de mí el dueño,
podía más la enfermedad.
Yo me veía tan pequeño
ante esa gran inmensidad,
sentía el vértigo con el diseño
de mi vida ajeno a mi voluntad,
así que renuncié al ensueño
para apartarme de la irrealidad,
dejar de sufrir con el desdeño
ante la fuerza de una tempestad,
y empezar a vivir con empeño
intentando ser feliz de verdad.
Mi pluma sin peso frunció el ceño
hasta creer en la posibilidad,
aunque quizá ya había ardido el leño,
apagándose el fuego y su viabilidad.

Sin poder coger aliento

Acurrucado en el silencio
perdí lo más valioso,
desperdicié el tiempo,
más preciado que el oro.
Años de confusión e inciertos,
sin un firme propósito
que me saliera de dentro,
ahogándome en un pozo
sin poder coger aliento
por falta de arrojo,
estigma antes abierto
que se ha cerrado en el lodo,
sin descorrer el tupido velo
por no encontrar el modo
de verme reflejado en el espejo
que se mostraba ante mis ojos.

Mis versos

Mis versos que nacieron ingenuos,
cobrarán sentido en el instante
en que se rompa el silencio,
aunque todo parezca un disparate.
Unos versos insensibles al desaliento
que ahora me dispongo a mostrarte
donde se ahoga la pena mar adentro
en un fuerte y majestuoso oleaje.
Versos que ya no se rinden al momento
sino que perseveran con semblante
paciente, sin perecer en el intento,
mostrando el interior en imágenes.
Versos dulces, sencillos, tiernos,
que a alguna alma complacen,
perviviendo a lo largo del tiempo,
incorpóreos, acarician como el aire.
Unos versos inciertos
que persisten indomables
escapando de la esclavitud del ego
sin perderse más durante el viaje.

No ha sido fácil

No ha sido fácil recorrer el largo trecho
sin comentar nada e intentando ser feliz
en el más absoluto y robusto silencio,
con mis crisis cuando se encendía el candil
y me iluminaba, solo yo podía verlo,
y mi confundida cabeza se iba fuera de sí,
pero seguía confiando en mis versos
con una actitud poderosa y febril,
y aunque no despegara del suelo
sabía que no podía dejar de insistir.
Empecé a ser de mí mismo el dueño
y sentía que había algo bueno para mí,
así que tome el control de mis vuelos
y decidí ponerme a escribir,
desde entonces se acabaron mis miedos
y finalmente comencé a revivir.

Responsable de mi cárcel

Nunca se han ido de mi cabeza
los sueños que en el deseo arden,
pues no he renunciado, ni en la pena,
a soñar la vida hasta con un alma sollozante.
He arrastrado en el pasado las cadenas,
fui el responsable de mi cárcel,
sin caminar ni dejar huella,
huella en el camino de alguien.
Vi mi salvación en los poemas
como una forma de expresarme,
me refugié en mis claras letras,
sin adornos ni fuegos artificiales,
tratando de que me entiendas
haciendo los poemas populares.

La mente no estaba lúcida

Entiendo el porqué de tantas dudas
para que la verdad emergiese de su letargo;
la mente todavía no estaba lúcida
para asimilar la realidad de un solo trago.
Ahora la razón ya no se turba,
ni se va por derroteros equivocados,
mis ojos ante lo desconocido ya no se nublan.
Sé que todo está en mis manos,
y en la cabeza la estructura
como un andamiaje que guía mis pasos,
y con el tiempo en longitud fluctúan
haciéndose cada vez más largos,
con una zancada firme y segura
afianzándose en estos últimos años
de una forma cada vez más lúcida,
con más confianza y más esperanzado
en una vida en la que no me influya
demasiado el éxito ni el fracaso.

Antes de la reconversión estable

Antes de la reconversión estable,
y del presente imperecedero,
fue futuro inédito y sus alardes.
Todo lo procesaba el cerebro
sin descanso, con mucho desgaste,
confundiéndose con el viento
cuando no todo era favorable.
No estaba todavía del todo diestro
y todo se esfumó en otro desastre.
Llegué a tocar el firmamento,
pero con un equilibrio inestable,
tanta altura me dio miedo
con un estrés paralizante,
y como respuesta el silencio.

Alternando lágrimas y sonrisas

Proseguir mi camino, caminando
sin más armadura que la poesía,
por mucho que parezca arduo
sigo por esta senda sentida
para verme en unos ojos reflejado
con notorias muestras de alegría.
Si ves que en el ánimo decaigo,
solo necesito una mano tendida,
que el camino ha sido muy largo
y no hay lugar para envidias.
He sufrido mi propio retardo
que ha variado con los días,
días sublimes y días precarios,
alternando lágrimas y sonrisas
en momentos buenos y malos,
intentando ganar la partida,
yendo de fracaso en fracaso
pero sin un ápice de envidia,
pues cada cual empuja su carro
con lo que le toque en la vida.

Yendo a la raíz del dilema

No daré de mi alma los despojos,
ni de mi boca escupiré la flema,
ni mostraré nunca mis enojos
a los que intentaron silenciar mi lema.
Haré una hoguera con los rastrojos
y lo negativo arderá en la quema,
solo quedará un humo de abrojos
que difuminándose en el aire blasfema.
Haré con mis penas unos manojos
de flores con un emblema:
no rendirme y descorrer los cerrojos,
con una sensibilidad extrema,
desde el corazón sin trampantojos
yendo a la raíz del dilema.

Cansado de dudar

Estaba cansado de dudar de todo,
siempre echando más leña al fuego,
avivando una y otra vez los rescoldos.
Confundía la verdad con otros cuentos
que creía verdaderos y solo eran recodos
de mi imaginación del momento.
Ya no me revuelvo más en el lodo,
me he quitado de encima un gran peso,
no cargo lo innecesario sobre el lomo,
respirando siempre aire fresco,
y, aunque todo lo que brille no sea oro,
ni dudo del destino, ni desespero.

¿Cómo decirte?

¿Cómo decirte que no es sólo lo que ves,
que cierres los ojos y sientas
lo que tu mirada no puede ver?
¿Cómo decirte que abras las puertas
-aunque solo sea por una vez-
con una percepción muy diestra
de lo que condicionaba mi ser?
¿Cómo de la forma más discreta
nado y nado como un pez,
huyendo de las apariencias
y lo que sea menester
con tal de conservar la esencia
y poner en mi credo toda mi fe?
¿Cómo sentir el alma satisfecha
y poco a poco vaya apagando la sed,
sed de la ocasión verdadera
que me haga en el futuro creer,
con la luz de una pequeña estrella
apuntar alto y en el suelo una red?

La verdad sincera de la razón

La verdad gana la partida,
se nutre de coraje e ilusión.
Poco importa ya la prisa
por mostrar el farol,
ese farol que me ilumina
y me proporciona calor.
Ávido de reconfortantes caricias
me basta el poder de una canción
para recomponer mi alma sentida
y llenarla de luz y de color.
Mi corazón gota a gota destila
la verdad sincera de la razón,
soplando el polvo a las cenizas
para reavivar la llama y su fulgor,
que consigue cerrar las heridas
y olvidar del pasado el dolor.

La palabra

La palabra que esgrimo
algún día volará alto
como un halcón peregrino,
para desterrar el fracaso
y escuchar su gañido
como un suave canto.
La palabra tomará sentido,
se verá el sueño alcanzado
al retumbar el eco en los oídos
de los versos ya gestados
hace tiempo, cerrando ciclos,
por mucho que pasen los años.
La palabra resurgirá del olvido
destacando el lado humano,
para proporcionar un designio
y dar al mundo un abrazo,
combatir la falta de cariño,
esperanza que apagó el llanto
cuando todo parecía perdido.

Cuando se paró el reloj

Esos momentos en que se paró el reloj
sin tener un pleno conocimiento,
y lo imputaba a una mísera traición.
Ahora toda la situación comprendo,
me doy cuenta de cual fue mi error:
no entender que no era el momento,
debía crecer mi mirada y mi yo
ya que al desequilibrio era propenso.
No voy a decir que no fue un horror,
pero ahora en el alambre me manejo,
controlo como nunca mi emoción.
Ahora se acabaron los lamentos,
acepto el presente con todo su fragor,
acepto el futuro como un nuevo reto,
y sobre todo, acepto mi condición.

Nada es lo que parece

En un silencio ensordecedor
donde nada es lo que parece,
donde cobra vida una canción
para atrapar el presente
y sentir los rayos del Sol,
cuando su luz se aprehende
e ilumina el corazón
de forma sorprendente.
Un silencio atronador
en el que el alma se mece
al abrigo de una voz
con mis años rotos clemente,
proporcionándome calor
para salir indemne
en la carrera contra el reloj,
con el pensamiento perenne
en mi propia cognición.

Revelación

Detrás de una perseverante ilusión,
una esperanza que ya no invento
para combatir la cerrazón
y disfrutar cada momento.
Aunque es tal la obstinación,
-lejos de todo desfallecimiento-,
que persiste soñadora la razón
en una soledad absoluta sin tiento,
sin traicionar al corazón.
Un fuerte vendaval de viento
me marcó la dirección
para ponerme en movimiento
con suma y callada discreción,
y ahora pongo en conocimiento
desde mi verdadera intuición
y lo elevo al firmamento
como si fuera una revelación
de mi nuevo nacimiento.

Para mantener mi alma llena

El amor propio me ha ayudado
a quererme de forma plena,
lo llevo siempre de la mano
sin que me plantee ningún dilema.
Autoestima me ha proporcionado
para mantener el alma llena,
sin sentirme como un extraño
dentro de mi propia cabeza.
Sin pensar en el fracaso
confío en la experiencia,
madurez que me dan los años
para amarme con destreza.

Sin olvidar de dónde vengo

Con paciencia y perseverancia
no olvido de dónde vengo
ni lo que he crecido siendo escarcha,
errando para empezar de nuevo.
Cultivar la verdad, mi esperanza,
al partir siempre de cero,
mi cuerpo manifestaba
con cada crisis otro intento
de mediar con la palabra
y solo encontraba silencio.
Esa sensación me frustraba,
me devoraba por dentro,
fue gracias a las palabras
que reflejaban mis adentros
como mi salud mejoraba
empezando a ser de mí el dueño.

Tras tocar fondo tuve que renacer

Tras tocar fondo tuve que renacer
enfrentándome a las sombras
que se habían apoderado de mi ser,
recuperando la luz como una norma,
una decisión que me devolvió la sed,
sed para volver a vivir sin dogmas
ajenos a mí mismo, a mi verdadera fe,
fe en mis capacidades como persona
para desarrollarme y poder crecer,
creyendo realmente en lo que importa,
sin saber lo que mañana va a suceder.
Dejar en este mundo mi impronta,
ser mejor de lo que era ayer,
conquistar mi interior sin paranoias,
curar las cicatrices del querer,
y vivir, absorber vida como una esponja
colmada de sueños que se ven,
se sienten, que casi se tocan
pero se escabullen como un pez
habitando en la memoria.

La vida sigue y no se para

La vida sigue y no se para,
con las derrotas, con los aciertos,
con las decepciones, con la cábalas,
con el placer, con el sufrimiento.
Porque la vida se ensancha
en un presente efímero y a la vez eterno,
sin pensar en el mañana,
sino en el hoy vigente en el tiempo.
Discurre con su concha nacarada
haciendo propios los momentos
de la manera más sensata,
con paciencia y estando sereno.
La vida continúa y avanza,
marcada por un destino incierto
pero que poco a poco se labra.
Cada vez más diestro,
que la vida no se para,
cada vez más ligero
para vencer el peso con mis alas.

Estar preparado es importante,
saber esperar lo es aún más,
pero aprovechar el momento adecuado
es la clave de la vida.

Arthur Schnitzler

Llévame a la otra orilla

Llévame a la otra orilla
donde reside la templanza,
el agua se mece tranquila,
y los nenúfares descansan.
Llévame a la otra orilla
de aguas siempre claras
sin arrastrarme a la deriva
de la corriente exaltada.
Llévame a la otra orilla
donde los juncos se afianzan
sobre la superficie adormecida
toda cubierta de algas.
Llévame a la otra orilla
de aguas cálidas
donde fluya la vida
al escuchar el alma.
LLévame a la otra orilla,
déjame un sitio en tu barca
para cruzar sin prisa,
todavía tengo esperanza.

Ahora es el momento.

Roberto Iniesta

Ahora es el momento

Ahora es el momento señalado,
hay paz en mi mente despierta,
amo mi destino con buen ánimo,
con osadía, audacia y mucha fuerza.
Los delirios se han disipado,
soy una persona nueva,
sé a dónde se dirige mi barco
solo he de desplegar las velas,
el viento está de mi lado,
espero que sea con indulgencia.
Ahora ha de ser cuándo,
después de una larga espera
es el momento exacto
para obtener todas las repuestas
que antes se me habían negado,
abrir todas las puertas,
tirar las llaves a un lago
y poner las cartas sobre la mesa.

Brindo

Brindo por un despertar al alba,
donde poder ver un mundo nuevo
con un brillo candente en la mirada
y que todo quepa en unos versos.
Brindo por un ansiado mañana
donde no existan los secretos
y se pueda desnudar el alma
sin tener ningún tipo de miedo.
Brindo por las dulces lágrimas
de emoción, por estar contento,
por la risa sin añoranzas
de los mejores tiempos.
Levanto mi copa dando gracias
a la vida con apremio
y brindo por el karma
y porque se acabe el silencio,
por la verdad que nutre mis entrañas
navegando corazón adentro.

Mi poesía es sencilla

Mi poesía es sencilla
sin palabras rimbombantes,
y se caracteriza mi firma
en que la gente puede asomarse,
aunque sin la verdad no brilla,
tampoco sus imágenes,
pero es sonora en la rima
como una canción que atrae.
Mi poesía habla de una vida
con una realidad al margen,
como una terapia que vivifica,
una forma de soltar lastre.
Mi poesía es una autobiografía
del sentimiento más grande
que en el sueño radica
con una luz radiante.
No sé si alcanzaré la cima,
solo espero al ser humano ayudarle
en su lucha del día a día
con sus adversidades,
pues si yo encontré la salida
cualquiera puede realizarse.

Consciente del silencio

Siento que he crecido por dentro,
vivo el presente sin que nada me afecte,
aprovechando bien el tiempo,
sin que el miedo al vértigo me supere.
Vivo consciente del silencio,
ya no existe ruido en la mente,
de inseguridades estoy casi exento,
aceptándome como soy y mi suerte.
Por el camino he dado un rodeo
necesario a la par que inconsciente,
he madurado mucho con el tiempo
y del trastorno he salido indemne.
No he abandonado nunca mis sueños,
me he aferrado a ellos con uñas y dientes,
para sentirme realizado con empeño
cuando la verdad todo lo impregne.

Buscando mi camino

Navegando a contracorriente
en un océano desconocido
donde la verdad no sobreviene,
trato de ser más que positivo.
Mirando al mañana de frente,
sin prestar atención al ruido,
sino al eterno silencio ingente,
yo sigo buscando mi camino.
Sin alejarme del presente,
en él me encuentro imbuido
sin que la situación me desespere.
Allá donde me lleve el destino
a la adversidad haré frente,
con un sueño en cada suspiro,
evitando ese momento inerte,
cumpliendo fiel mi cometido
para que el alma se eleve.

Una voz que mis pasos no extravía

Cuando la soledad es mi compañía,
recluido en uno mismo,
un autoconocimiento que me guía
por la realidad y su abismo,
una voz que mis pasos no extravía
lejos de cualquier ostracismo.
Cuando la calma es de una valiosa cuantía,
tranquilidad en medio del oscurantismo,
resurge la esperanza y su valía
en poner luz sin egoísmo
con una mínima garantía,
iluminando con humanismo
y amor por la filantropía.

Escribe el poeta

Escribe el poeta por una necesidad intensa
de contarse lo que siente o su estado de ánimo,
para explicarse a sí mismo su realidad interna,
y comunicar al lector que le interese el otro lado
de la realidad con mayor o menor destreza,
pero siempre con el alma en las manos,
con honestidad, donde los sentimientos medran.
Escribe el poeta sin tregua ni descanso
para exorcizar sus demonios hacia afuera
pero también sus alegrías y quebrantos,
las caras opuestas de una misma moneda.
También para intentar provocar un cambio,
y mejorar el mundo con un poema,
unirnos todos de las manos
celebrando la vida con pureza
donde importen más los abrazos
que las malditas y execrables guerras.

Gracias a los pájaros cantores

Gracias a los pájaros cantores
que con himnos a la esperanza
han mantenido la llama con honores
llenándome de una dulce confianza,
seguridad en mí mismo y en las flores,
en las que se advierte una templanza
teñida de alegres y vivos colores
que dan colorido a mi andanza.
Gracias a esos versos voladores
mi autoestima por fin se afianza
en los preciados y esperados albores
de un alma llena de bonanza,
colmándose de deliciosos sabores
en una dulce e inspiradora alianza.
Gracias a los cálidos ruiseñores
por retratar mi semblanza
apagando los sinsabores,
y exigir de mi alma la labranza
para conseguir los frutos mejores
a través de una justa fianza,
desechando los tiempos peores
y soportar una fría tardanza.

Creciendo la mirada

La vida palabra a palabra
con una dulce esperanza
en ese instante primigenio,
en la realidad diáfana y clara
desde esta segura atalaya.
Soltando lastre al vacío
cesará la tormenta
al son de un silencio sin vida,
pertinaz voluntad sempiterna
con el alma como emblema.
Sabiendo que todo está por llegar,
tentando a la suerte y sus desaires,
con valentía, conciencia y libertad,
allá cuando ceda esta espesura,
cuando en la duda persiste la ilusión,
con una conciencia implacable.
¡Que no se callen los ruiseñores,
siempre con la cabeza alta,
en busca de ese eco sin silencio!
Vestir mi subconsciente
sin dejar nunca de ser positivo,
un puro superviviente
que va viviendo a su manera.
Confinado en uno mismo

he muerto mil veces y he resucitado,
con amor propio,
memoria del sentimiento salvaje,
con la vana esperanza de la utopía
allá en el horizonte.
Galopando sin descanso
avanzo por la vida,
gritos de libertad entonan mis cantos
cada vez que escribo un poema,
cantos a la luna nueva.
Navegando a contracorriente,
la vida merece ser vivida
porque la felicidad son momentos.
Soy un romántico empedernido
del amor enamorado,
resiliencia adquirida
en ese momento enajenado.
¡Oh mi soledad
donde ya no existe el dolor,
revive la esperanza!
Deja que me excite en la frontera,
crecerá la mirada.
¡Ahora sí soy yo!

El tren de mi destino

En medio de un andén,
esperando tan ansiado viaje,
siempre aguarda un tren.
Impaciente y ligero de equipaje,
mirando al futuro sin desdén,
cautivo de la esperanza salvaje.
No pasa solo una vez sino cien
y eso me da tanto coraje
que ahora que me subo a él,
construyo un andamiaje
y me dirijo destino al Edén,
disfrutando del paisaje,
por los que miran y no ven.
En cada estación un abordaje
sin distinguir quién es quién,
viajeros de rico o pobre bagaje
entre sien y sien.
Se ha pagado el pasaje,
ya me he subido al tren,
ya no hay más peaje,
solo queda decir amén.
Se trata de hacer reciclaje

y alcanzar el estado zen,
grabarlo cual tatuaje
que nos sirva de sostén,
a modo de aprendizaje
en la memoria como almacén,
utilizando el lenguaje
en este sutil vaivén.

*A medida que con mis palabras quito a las cosas
el velo que las cubre me pasmo al advertir
que he sido capaz de observar infinitamente
más de lo que puedo decir.*

Virginia Woolf

*Allí en lo más profundo de mi ser,
encuentro la respuesta a todas las preguntas,
y descubro la verdad que trasciende todas las palabras,
la verdad que solo el corazón puede comprender.*

Jalal ad-Din Muhammed Rumi

Preguntas que a poco se resuelven

¿Cómo a través de la poesía
puedo revelar lo que acontece
sobre mi alma, que parece dormida?
¿Cómo convencer a la gente
que lo que escribo no es fantasía,
sino la otra realidad y mi suerte?
¿Cómo plantear la partida
de todo lo que tengo en mente
si solo veo una insulsa apatía?
¿Cómo ser persistente
y encontrar por mí mismo la salida
sin que la claridad me queme?
¿Cómo creer en lo que uno imagina
con una intuición que todo lo puede,
una vez curada la herida?
Preguntas que a poco se resuelven.

Decididos avanzan mis pasos

Con la conciencia muy tranquila
todo el tiempo caminé sin atajos
viviendo de forma sencilla,
con plomo en los zapatos
y en el alma un estigma
difuminado con los años.
Atrás quedaron las disyuntivas,
decididos avanzan mis pasos
por el camino de la vida
y aunque con retardo
sé adónde se dirigen sin prisa,
abriendo camino y caminando.
Con una actitud positiva
he superado un calvario,
la enfermedad ya no me limita,
no me siento un extraño,
sino un auténtico alquimista
para ver lo que era negro, blanco,
panacea a través de la poesía
que convierta en risa el llanto.

Aprendí

Aprendí a valorar el presente
para condicionar el futuro inmediato,
pues es en el momento inerte
cuando te sientes frustrado.
Aprendí que el éxito no es inminente,
que pasa por diversos peldaños
y llega cuando menos lo pienses
sin volver a caer nunca en el desánimo.
Aprendí a tenerlo siempre en mente,
a luchar por mi sueño a diario,
sin que ello me desespere,
cada vez con más descaro.
Aprendí a ser más valiente
y no tener miedo al cambio,
sin que nada me estrese
ni sensación de hartazgo.
Aprendí estando convaleciente
la verdad de mis inseguros pasos,
a ser cada vez más fuerte
estando sereno y sosegado,
a transformar mi alma doliente
en robustos y firmes cánticos.

Exteriorizo lo de dentro

Con una honestidad sincera
escribo al aire mis versos
para buscar la clarividencia,
sin tener claros los hechos,
ni una absoluta certeza.
Exteriorizo lo de dentro
a través de estas sentidas letras
y mis internos pensamientos.
Con una auténtica existencia
y los pies en el suelo
pero mirando las estrellas
que conspiran en el firmamento
por una vida más plena,
al camuflar ese silencio
con canciones y poemas
que llegan muy adentro
y borran todas las penas,
y me dan el necesario aliento
para permanecer en la brecha.

La razón reclama la evidencia

La ilusión redime la condena,
el corazón por amar no se desgasta,
esperando la ocasión manifiesta
de dar a luz a las palabras.
Cuando cada momento me llena
con una alta dosis de confianza
en los versos, en los poemas.
Tras tanto silencio en la garganta
la razón reclama la evidencia,
y como una sensación extraña
por todo mi cuerpo se enreda,
confiando en ese anhelado mañana
donde el sentir no desespera
sino que rezuma esa fragancia
de un ramo de flores frescas,
rosas blancas recién cortadas
en una perpetua primavera.

Con la voluntad de una roca

Humilde es mi condición de persona,
ambiciosas son mis pretensiones.
El fin último, que por la puerta asoma,
va apagando la llama con extintores
para que no se propague antes de la hora
y se cumplan una serie de condiciones.
Mientras, la realidad se distorsiona
y hace que no tengan sentido las flores,
y la razón involucrada estorba
con sus internas introspecciones,
con la voluntad de una roca
y el alma vestida de vivos colores.
Mientras, la audiencia, casi toda
confabula con apresuradas opiniones:
-¿Cuándo dejará de soñar, cabeza loca?-
Pues nunca, señoras y señores,
que no me conformo con poca cosa
cuando son buenas las intenciones.

Siendo con el alma coherente

Ahora autoconfianza tengo,
la alberga mi ser consciente,
y por caro que se venda el éxito,
- aunque nadie lo entiende-,
intento descorrer el velo
para crecer y salir indemne
con una autoestima de hierro,
siendo con el alma coherente
y que la inseguridad arda en el fuego.
Así, la consciencia se defiende
y se proclama como lo primero
en el interior de la mente.
Por eso que escribo estos versos
que el alma conmueven,
pues son reales y sinceros
y de lo más profundo emergen
como una semilla del fértil suelo
y en un gran árbol se convirtiere.

La cerilla está encendida

La cerilla está encendida
dispuesta a encender la mecha,
es cuestión de disfrutar de los días,
de ponerlo todo sobre la mesa.
Ya no me devoran las prisas
por que se abra la brecha,
confío en la vida misma,
en su tiempo y su cadencia.
Voy buscando la alegría,
atrás esa vida espesa,
disfruto de cada sonrisa,
no me confunde la evidencia.
Solo necesito ver que brilla
mi pequeñita estrella,
que la verdad se destila
y poco a poco se desvela,
como el tronco que se hace astillas
para encender la hoguera
con el fuego de la vida
donde lo malo se quema.

Mantener siempre ese equilibrio

Siendo animoso y fuerte,
mantengo siempre ese equilibrio
sin que la realidad me supere,
sin perder nunca el sentido,
aunque parezca indiferente
intento superarlo con estilo.
No dejes que el futuro me afecte
nunca antes del tiempo debido,
para remar a favor de la corriente
y cruzar sin miedo el río
sin que la fuerza del agua me lleve,
sin paranoias ni desvaríos
sino permanecer indolente
abrazando mi destino,
y dejar que la vida me enseñe
sin perder mis principios
ni desatender mi mente consciente
sino prestándole atento oído.

No te confundas

No confundas mi calma con resignación,
para nada rendido ni subyugado,
solo un estado de despreocupación
de un espíritu tranquilo y sosegado.
No confundas mi fe con religión,
pues mi propio credo ya he inventado,
solo sigo una fiel convicción
que me permite estar esperanzado
a pesar de mi olvidado corazón.
No te confundas si me ves contrariado,
es que todo se me escapa a la razón,
tanta espera y tan mortificado
el discernimiento sin ceder en la ilusión.
No te confundas, pues de iluso no he pecado,
si de algo he pecado es de ambición,
que en mi sueño estoy muy volcado
dejándome llevar por la intuición.

Sin perder nunca la esencia

Mi cerebro es ahora más reflexivo
y va librando batallas internas
para iniciar con ganas el recorrido
marcado fielmente por las estrellas.
Sin dejar de defender mi propio estilo
seguiré escribiendo poemas
pero no para los críticos,
para que el pueblo los lea
sin tener que hacer un sacrificio,
sino de una forma amena.
Mientras, he de pulir el brillo
sin perder nunca la esencia,
constatando todo en un libro
para hacer grata la espera.

Es la perseverancia la clave

Es la perseverancia la clave,
y la confianza en uno mismo
con trabajo y sin muchos alardes,
caminando al propio ritmo
hasta que se manifieste la llave
que ha de abrir el camino
por esa honrosa selva salvaje,
con el alma siempre estrictos
y un amigable y dulce talante.
Forjando poco a poco el destino
con la mirada hacia adelante
pero en el presente sumergido,
viajando con poco equipaje
y un claro y firme designio.

Necesito

Necesito creer en lo que hago,
saber que todo sigue su rumbo,
sin pensar demasiado en el fracaso.
Hacer oír mi voz en el mundo,
para ayudar a otro ser humano
a que no se sienta desnudo,
ni con sensación de hartazgo
cuando ve muy negro el futuro,
pues todo pasa con los años
si te fabricas un buen escudo.
Necesito confiar en lo que hago,
saber que ha llegado mi turno,
que por fin con ayuda lo he logrado
tras esperar el momento oportuno.
Saber que nada ha sido en vano,
que se ha acabado el infortunio,
para poder gritar y ser escuchado,
que todo atiende a un fin último,
que todo está en mis manos,
solo falta un definitivo cartucho.

No intentes confundir mi verdad

No me cuentes tu verdad austera,
déjame que equipare la realidad
a los enormes indicios de grandeza
que fluyen de forma abismal.
Déjame atravesar la frontera,
no intentes confundir mi verdad
amarrada con una gruesa cuerda
como un barco antes de salir a la mar.
Déjame volar a ras de tierra
para superar la adversidad,
esperanza de una vida nueva
por la que merezca la pena luchar.
Escuchar en la noche las estrellas,
su acompasado latido y su palpitar,
y que su silencio me estremezca
dudando sobre la auténtica verdad.
No te fijes en las apariencias,
hay que ver un poco más allá,
no todo está solo en mi cabeza,
si tú no lo puedes ver me da igual.

Una sonrisa contra la desilusión

Inmerso en la ambigüedad incierta,
una sonrisa contra la desilusión.
En la incertidumbre muy diestra
para administrar el poco calor
de la gente en esta contienda,
solo con la ayuda de un farol
iluminándome cuando a tientas
andaba en medio de la cerrazón.
En la ocultación de la verdad entera
que a veces causaba dolor,
sin olvidar mi ansiada meta
lo hago brillar como el charol,
a través de la palabra sincera
y un renovado y fuerte corazón.
Sumido en la esperanza ciega,
aumento mi seguridad interior
y pongo la paciencia a prueba
disfrutando de los rayos del sol,
esos que alimentan la cosecha
y convierten el capullo en flor
en una incipiente primavera
sin turbar a la inquebrantable razón.

Ese estado de plenitud

Ese estado de plenitud serena
en un amanecer anhelado
cuando surgen las respuestas
a esas preguntas de antaño.
Cuando con la razón despierta
se ven en el fondo de un lago
hasta la última piedra
con las que tropecé sin tacto,
cargado de impaciencia
sin estar plenamente preparado.
Al agua tiré las piedras
para no reproducir mis pasos,
ni repetir mi condena,
y avanzo por la superficie a nado
siguiendo a una libélula
que sobrevuela despacio
por encima de mi cabeza.

Cuando todo es nada y nada una dimensión.

Rosendo Mercado

Todo fue otra dimensión

Después de apagar un fuego
que impidió la recolección,
todo fluye como el agua de riego
dando vida a una gran plantación
que sacia también la sed del labriego.
Cuando todo es nada y nada una dimensión,
podría parecer un simple juego
sin poder ver su justificación,
o un sabio mantra como un ruego
en momentos de meditación.
Cuando necesitaba aprobación mi ego
y todo cabía dentro de una canción,
de emotividad estaba casi ciego
con desequilibrio de la razón
y una fuerte sensación de apego,
empecé a pensar en mi condición
de poeta y me puse a escribir luego,
entonces, todo fue otra dimensión.

Voy buscando la salida

Busco una y otra vez la salida
de este intrincado laberinto
probando posibles huidas,
sin hallarla, pero no me rindo.
No persigo la fama ni la idolatría
solo quiero que lo que escribo
sirva para algo en la vida.
Con un rasgo distintivo
poner de moda la poesía,
con humildad pero con brío,
con amor y con estima.
Siendo siempre uno mismo
para recuperar la alegría,
y encontrar el natural brillo
en las cicatrices de las heridas.

Ilusión por traspasar la frontera

La ilusión exonera a la impaciencia
cuando el alma espera consciente
a que la mecha se encienda
y la otra realidad se muestre.
Ilusión por traspasar la frontera
de un sueño afincado en mi mente
que condiciona mi existencia
y del cual todo depende.
Ilusión marcada por las estrellas
al desprender una luz ingente
que me bañan con su grandeza
y la angustia desaparece
y se hace plácida la espera
de una manera convincente.
Ilusión por abrir esa puerta
sin que la luz del Sol me ciegue,
adquiriendo poco a poco experiencia
sin que se seque la fuente,
manantial de la consciencia
que determina mi suerte.

Empatía

La empatía, esa gran olvidada
en una sociedad que vive deprisa,
sin escuchar tus palabras
cuando más lo necesitas,
sin entender tu andanza
ni tu punto de vista.
De lo que se trata
es comprender la vida
del que sinceramente te habla,
con atención y sin apatía
al estado de ánimo de su alma,
con identificación mental y afectiva
de sus emociones involucradas,
poniéndose en su lugar de forma amiga,
sin menospreciar ni juzgarla,
sino ayudarla sin que te lo pida.

Afronto la vida

Con una sensibilidad extrema
y una calma conmovedora,
emano una emoción sincera
muy apasionada y hermosa,
y afronto la vida y sus tretas,
con una mirada honda.
Soy positivo ante la espera,
cuando la esperanza asoma,
llama a la puerta con fuerza
y en sus manos un ramo de rosas
azules y amarillas sin tarjeta,
pero con un envolvente aroma.
Con una imperturbable presencia
mi alma a sí misma se asombra
con haces de luz que destellan
invocando a la memoria.

Ahora que la razón no se me rompe

Ahora que brotan de nuevo las flores
que adornan mi vida sin desgarros
ensalzando la figura del hombre,
para la autoestima un bonito regalo.
Ahora que todo es tan enorme
la realidad se manifiesta con descaro,
y me llena el alma de honores,
y avanza por mi camino despacio.
Ahora que la razón no se me rompe
mis anhelos permanecen intactos,
y la evidencia sitúa todo en orden
para guiar mis firmes pasos.
Ahora solo quiero llegar a más corazones,
beberme la vida a pequeños tragos
y saborear sus vivos colores,
vivirla en paz, aunque sea luchando.

Poner luz a mis sombras

A través de observarme por dentro
aprendí a poner luz a mis sombras,
a hacer conscientes mis velos
que transgredían las normas,
sin ser conmigo mismo sincero
al ignorar situaciones tóxicas
como la ira o el resentimiento,
manifestándose de tal forma
en el inconsciente por miedo
a ser juzgado con deshonra.
Intento reconstruir mis defectos,
transformándolos en rosas,
en hábitos, acciones y hechos
con una voluntad arrolladora
de crecer en cada momento
observando a las personas
que nos sirven de espejo.

Para creer y estar decidido

Ya de nada sirve un lamento,
eso en el pasado ya lo he vivido
y el futuro ya no es un secreto.
A pesar del trecho acontecido
y haber sido preso del furibundo miedo,
con las penurias no me he rendido,
y no he renunciado a mi sueño,
luchando por la verdad poseído,
sin tener un firme conocimiento
pero sin nunca darme por vencido,
pues mis razones tenían fundamento
para creer y estar decidido
con mi sólido y oculto argumento.

Quería cambiar el mundo. Pero
descubrí que lo único que uno puede
estar seguro de cambiar es a uno mismo.

Aldous Huxley

Una humanidad más plena

Todos podemos cambiar el carácter
con fuerza de voluntad y entrega.
El amor propio y al prójimo es la base
para mejorarnos y mejorar el sistema.
Más solidaridad sin ambages,
aportando nuestro granito de arena
para intentar acabar con el hambre,
que nadie de inanición muera.
Todos al unísono es viable,
sobran los recursos en la Tierra.
La sociedad es un ente demasiado grande
para producir un cambio de maneras,
pero individualmente y con coraje
podemos provocar la fuerza,
y conseguir esa suma de individualidades
que provoque una humanidad más plena.

El poder de la palabra

Con una mirada introspectiva
reivindico el poder de la palabra
poderosa a la par que sencilla,
armadura donde se rompen las lanzas,
caparazón que no atraviesa la pica,
apagando cuerpos en llamas,
incendiando corazones sin malicia.
Palabras sobrias pero con confianza,
palabras que reflejan una vida
austera, discreta y moderada
que me salen a través de la poesía.
Canto versos a la esperanza
de aquellos que la necesitan,
para atender a la llamada,
aunque pareciera perdida.

Mis armas son mis poemas

Mis armas son mis poemas.
Recojo todas mis impresiones
que hablar tanto me cuesta,
en los nacientes albores
de una nueva época
cargada de ilusiones,
que no me tomo a la ligera.
Reflejo mis argumentos interiores
por si me sirven de defensa
ante mis claras limitaciones
como orador con deficiencias.
Para eso están las flores,
quizá a viva voz no sepa
expresar mis convicciones,
con la poesía se manifiestan
todas mis intenciones,
todas las respuestas.

Para poder sentirme realizado

Con una fuerza de voluntad ingente
avanzo por un camino empedrado
hacia una verdad que se hace evidente,
para poder sentirme realizado
y cobre sentido todo en mi mente
cuando ésta se haya materializado,
y ya nada será igual sino diferente.
Atrás quedará un quejoso pasado
para abrazar la vida frente a frente,
desarrollar mis planes según lo pensado
sin prestar atención al displicente,
al agorero, ni al mal encarado,
siendo siempre consciente
que no todos estarán de mi lado,
aunque el pasado haya sido doliente
habrá quien envidie el resultado.

Siendo el amor la clave

Vivo en el aquí y ahora
disfrutando cada instante,
sin ansiedad ni deshonra
continúo mi apreciado viaje.
Saboreando las horas
al soltar pesos y lastres
sin penas ni congoja,
con un afectuoso talante,
siendo original, no copia.
Busco siempre la llave
para acertar con las coplas
sin dejar indiferente a nadie.
Superándome como persona
en una lucha constante,
de la manera más estoica,
con el amor como la clave
para ser feliz de tal forma
que ame y que me amen.

Gracias a la vida que me ha dado tanto.

Mercedes Sosa

Gracias a la vida

Gracias a la vida que me ha dado tanto,
me ha dado una familia maravillosa,
y alegrías no exentas del llanto,
y un alma moderada, grande y luminosa.
Gracias a la vida que me ha dado tanto,
personas amigas y gente fabulosa,
parejas y amores a las que les canto,
a través de una poesía decorosa.
Gracias a la vida que me ha dado tanto,
me ha dado una fuerza honrosa
para superar el frío desencanto,
para soportar casi cualquier cosa.
Gracias a la vida que me ha dado tanto,
sufrir una enfermedad como una losa
y recuperar la salud con algún quebranto,
pero siempre agradecido de forma amorosa.
Gracias a la vida que me ha dado tanto,
aunque a veces haya sido dolorosa,
prefiero quedarme con su encanto,
pues, ¿acaso no tiene espinas la rosa?

Sin oropeles ni lentejuelas

Mi alma vestida de etiqueta
corrige y pule sus errores
para que brillen mis letras
como si fueran canciones
que sin acción se lamentan
por no dar con los colores,
por no encontrar la manera
de despegar mis pretensiones.
Necesito una ayuda extra
que me acerque el horizonte
para rodar como una rueda
y llegar a más corazones.
En mis poemas todo se refleja,
tanto alegrías como sinsabores,
sin oropeles ni lentejuelas
trato de hallar las razones
que me sirvan como espuela,
pintando el alma con nuevos colores.

Estrellas de la noche,
vuestros ojos despiertos
iluminan mis sueños.

María José Montero Núñez

La estrellas

En el firmamento hay infinidad de estrellas
desprendiendo una luz propia,
estrellas que me inspiran letras
para escribir mi historia.
Éstas brillan con destreza
para algún día alcanzar la gloria,
la manera de iluminar la senda
que han de transitar mis botas.
Entre ellas, agazapada, espera
acurrucada entre las sombras,
mi pequeñita y alta estrella,
con un cálido brillo que transforma
una realidad incierta
en una posibilidad alentadora.

Esperanza que el mal alivias

La esperanza es la semilla
que nos da de comer
cuando la cosecha está perdida;
que calma nuestra sed
durante la desdicha,
por eso no se puede perder,
porque es como un faro que brilla
en la oscuridad, como una red
cuando te caes en la vida
y te consume el ayer.
Esperanza que el mal alivias
sin que se pierda la fe
en que llegarán mejores días,
siempre en ti creeré,
hasta cuando de mí te olvidas,
yo de ti jamás me olvidaré.

El destino se deshoja

Cuando la verdad honrosa
por la realidad se abra paso,
se difuminarán las sombras
de las dudas del pasado.
Escucho las estrofas
-como si fueran milagros-,
de canciones gloriosas
sobre poemas olvidados,
y el destino se deshoja
en el presente anclado
con una luz maravillosa
que ilumina el fracaso,
y hace brotar las rosas
durante todo el año.

Escribo mis pensamientos

Vivo una etapa muy tranquila,
aguardando una señal del viento,
una indicación que sea definitiva,
una posibilidad a través del tiempo
para alcanzar esa meta esquiva.
Como una crónica de los hechos
que me han sucedido en la vida
saco afuera estos versos
de forma que me reaniman
y vivifican mi cuerpo.
Mientras tanto no gasto saliva,
sino que escribo mis pensamientos
por si las palabras se me olvidan
y en mi historia todo fuera cierto
al traspasar la puerta escondida
y quede reflejado en mis versos.

Sensaciones

Vivir con autogobierno nuestras vidas,
caminar en la incertidumbre del destino,
capitanear nuestro barco para no ir a la deriva,
sentir que has vivido a tu propio ritmo.
Encontrar la razón que te sirva de guía,
buscar siempre ese necesario equilibrio,
ser uno mismo con autenticidad y sin envidias,
confiar en tus hábiles capacidades sin delirios.
Combatir las absurdas fobias y manías,
crecer cada día y superarse con ahínco,
desarrollar el carácter con sana empatía,
creer en tus verdaderos sueños y en ti mismo.
Trabajar en todo aquello que nos motiva,
conseguir dejar profunda huella en el camino,
motivar al compañero a que lo consiga,
inspirar total confianza en el fiel amigo.
Dedicar tiempo a ser mejores en la vida,
intentar cambiar la realidad en que vivimos,
ser con nuestra alma sinceros, sin mentiras,
poner en ello todos nuestros sentidos.

No soy el mismo

No soy el mismo que hace un año,
ni siquiera el mismo que hace un mes,
mi persona está en constante cambio,
casi no recuerdo quién era ayer.
Si me conoces desde hace años
y hace tiempo que no me ves,
ya no soy el mismo de antaño
pues ha evolucionado mi ser.
Dentro de mí algo ha pasado,
aunque quizá tú no lo ves
porque mi apariencia no ha variado,
sin embargo ahora tengo fe.
Después de un enorme calvario
he recuperado poco a poco la sed,
me he transformado despacio
cada día para no volver a caer
en la apatía y el desánimo,
así pues, me presentaré otra vez.

Hay un día, un tiempo, un día imprevisto
donde llega la alegría multiplicada,
llena de gozo, sin desviar la mirada.

Mónica López Bordón

Solo me queda esperar

Solo me queda esperar sin prisa
a que la realidad estalle en mil pedazos,
cuando la situación sea propicia
para subir los últimos peldaños.
Manifestar la victoria con la risa
y con la exaltación del ser humano
capaz de cualquier conquista
en el alma aunque pasen los años,
capaz de cambiar de forma estricta,
de dejar al mundo un legado.
Solo me queda aguardar la brisa,
acariciar el éxito con las manos,
hasta que se encienda la bombilla
y ponga más luz a mis inseguros pasos,
cuando la alegría se multiplica
mostrando todo el camino andado.

Augurios de un mañana

Son los augurios de un mañana
por una percepción poderosa,
-abrigados por la esperanza-,
los que barren cual escoba
y hacen la vida más liviana
mientras la verdad se esconda
detrás de la estrella más alta
del firmamento y su pompa.
Esos augurios se disfrazan,
con canciones se adornan,
porqués para vivir en calma
al saber que todo se logra
con dedicación y confianza.
Trascendiendo la norma
donde antes no alcanzaba,
la verdad oculta y silenciosa
le plantará cara con la mirada
que crece y a poco se transforma.

Que no se agote la fuente

Que no se agote la fuente
ni su fluir constante,
aunque se malinterprete
su murmullo inefable.
Beba o no beba la gente
déjalos que hablen,
el agua es transparente,
clara, limpia y potable.
Ni el tiempo se merece
perder en aclararles
que el amor no envilece
ni perjudica a nadie.
A quien lo da con creces
sin esperar que nada cambie
le dignifica y a él le pertenece
de manera irreprochable.
Me da igual lo que piensen,
yo conozco mis verdades,
y el amor que me embelese
no entiende de fraudes
pues el alma enriquece
y amar es lo más grande.

Seguid cantando poetas

Ornamentad el interior con flores;
enriqueceos con lo que os de aliento
para inventar nuevos colores
y frotar el alma con pulimento.
Alimentaos con otros sabores
poniendo en vuestra voz el acento,
que acaben los ecos en los albores
de un nuevo renacimiento.
Catadle a los preciados amores
como forma de agradecimiento,
desplegando todos los olores
capaces de alcanzar con vuestro talento.
Seguid cantando ruiseñores,
para poder atrapar el momento
y reflejar vuestros bellos interiores
en versos con sentimiento.

Índice